МОДЕЛЬ ЦЕНООБРАЗОВАНИЯ КАПИТАЛЬНЫХ АКТИВОВ

МОДЕЛЬ ЦЕНООБРАЗОВАНИЯ КАПИТАЛЬНЫХ АКТИВОВ

КЛЮЧЕВАЯ ИНФОРМАЦИЯ

- **Наименования:** Модель ценообразования капитальных активов, CAPM.

- **Используется:** CAPM – это математический метод оценки доходности любого финансового актива. Прогноз доходности рассчитывается в соответствии с риском, который несет в себе актив.

- **Почему она успешна?** CAPM является одним из самых популярных методов оценки риска для финансовых активов. Однако его эффективность подвергается критике со стороны экономистов, таких как Ричард Ролл (американский экономист, родился в 1939 году).

- **Ключевые слова:**

  - Рынок капитала: Место встречи между спросом и предложением на капитал. Предложение соответствует сбережениям (избыток доступного капитала), предоставляемым желающим взять кредит. Те, кто берет взаймы, составляют спрос (потребность в финансировании). Баланс на этом рынке имеет решающее значение.

МОДЕЛЬ ЦЕНООБРАЗОВАНИЯ КАПИТАЛЬНЫХ АКТИВОВ

Модель ценообразования на капитал

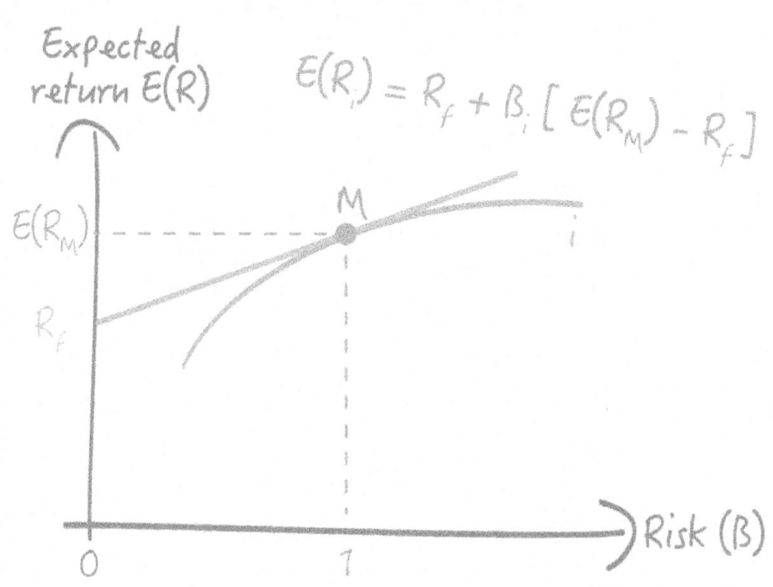

МОДЕЛЬ ЦЕНООБРАЗОВАНИЯ КАПИТАЛЬНЫХ АКТИВОВ

Модель ценообразования на капитал

написанный Ariane de Saeger
в переводе Nastia Abramov

- <u>Финансовый актив</u>: актив – это ценная бумага или контракт, который дает владельцу возможность получить прибыль в обмен на определенный риск. Например: Я покупаю акции (финансовый актив) в надежде, что со временем их стоимость возрастет и я смогу продать их, чтобы получить прибыль. Однако если стоимость акций снизится, я получу убыток от покупки.

- <u>Процентная ставка</u>: Процентная ставка представляет собой стоимость денег. Поэтому она позволяет рассчитать затраты, связанные с заимствованием или инвестированием денег. Процентную ставку можно также определить как вознаграждение, получаемое в случае инвестиций.

- <u>Портфель</u>: Все передаваемые ценные бумаги (в частности, акции и облигации), которыми владеет человек, компания, банк и т.д.

- <u>Доходность</u>: Доходность инвестированной суммы. Если я инвестирую свои деньги с процентной ставкой 7%, а мой друг инвестирует ту же сумму с процентной ставкой 4%, я могу сказать, что моя доходность на вложенный капитал лучше, чем у него.

- <u>Фондовая биржа</u>: Государственное или частное учреждение, позволяющее осуществлять обмен активами и сделки с ценными бумагами (такими как акции). Другими словами, это рынок финансирования и инвестиций, где цена устанавливается в соответствии со спросом и предложением.

ВВЕДЕНИЕ

В 1950-х годах финансовые рынки получили развитие и стали идеальным посредником для балансирования возможностей и потребностей в финансировании различных экономических агентов. Их целью было обеспечение финансирования экономики с помощью различных средств (сбережения, покупка ценных бумаг, покупка активов и т.д.). В инвестировании финансового актива участвуют две тесно связанные переменные: доходность и риск.

Для того чтобы лучше определить эти две переменные, различными экономистами были проведены исследования:

- Фрэнк Найт (американский экономист, 1885-1972) определил понятия "неопределенность" и "риск" в 1921 году.

- Работа Гарри Марковица (американский экономист, родился в 1927 году) положила начало современной теории диверсификации в 1950 году, известной с 1952 года как современная портфельная теория. Эта теория предлагает финансовое осмысление использования диверсификации для оптимизации портфеля. Это наиболее похожая версия на современную CAPM.

- Наконец, в 1960-х и начале 1970-х годов американские экономисты Уильям Шарп (родился в 1934 году), Джон Линтнер (1916-1983) и Фишер Блэк (1938-1995), а также норвежский экономист Ян Моссин (1936-1987) разработали более ранние финансовые модели, положившие начало CAPM.

ОПРЕДЕЛЕНИЕ МОДЕЛИ

CAPM используется как на финансовых рынках, так и для решения финансовых проблем в бизнесе. Расчетная модель основана на измерении систематического риска, ожидаемой доходности и процентных ставок. Другими словами, CAPM позволяет оценить доходность актива относительно его риска.

ТЕОРИЯ

В данном разделе представлена информация о методе оценки финансовых активов с чисто теоретической точки зрения, чтобы можно было уловить все нюансы CAPM.

КОНТЕКСТ

Эта модель была разработана в то время, когда все финансовые рынки совершенствовались и становились стандартизированными. Она была создана потому, что инвесторы хотели быть более осведомленными о рисках финансовых инвестиций.

Вклад Марковица

CAPM расширяет современную портфельную теорию Марковица, как в своих предположениях, так и в выводах. Марковиц подчеркивал преимущества диверсификации портфеля для инвесторов, которые хотят получить наилучшее соотношение риска и доходности.

Марковиц включил в свою модель пять допущений:

1. финансовые рынки являются эффективными, то есть цена и доходность финансовых активов всегда точно отражают всю имеющуюся информацию об этих активах;

2. инвесторы не склонны к риску и поэтому принимают на себя дополнительные риски без гарантии получения дополнительной прибыли;

3. рынки сбалансированы;

4. на сбалансированных рынках нет возможности для арбитража, поскольку предложение активов идеально соответствует спросу на эти активы, и цена будет естественным образом сбалансирована;

5. и, наконец, инвестор делает рациональный выбор.

 # ОПРЕДЕЛЕНИЯ

<u>Возможность арбитража</u>: Возможность для инвестора изменить свой портфель активов в соответствии со своими ожиданиями. В частности, это операция (покупка или продажа), которая является обратной для двух разных рынков, двух продуктов или двух сроков. Эта возможность предполагает использование преимуществ торговых аномалий.

<u>Корреляция активов</u>: Связь между двумя финансовыми активами, идущими в одном направлении (положительная корреляция) или в противоположном направлении (отрицательная корреляция).

Вклад Марковица двоякий. С одной стороны, он подчеркивает, что преимущества диверсификации портфелей активов основаны не на отсутствии корреляции между доходностями, а скорее на их несовершенной или частичной корреляции. С другой стороны, он показывает, что снижение риска, связанное с диверсификацией, ограничено степенью корреляции между активами. Следовательно, Марковиц показывает, что диверсификация снижает риск, не влияя на доходность.

Модель ценообразования капитальных активов, тем временем, расширяет рамки, поскольку учитывает всех экономических агентов.

ОСНОВНАЯ ЦЕЛЬ CAPM

Как уже говорилось ранее, цель CAPM – предоставить инвестору как можно больше информации о рисках и потенциальной доходности финансового актива, в который он хочет инвестировать. Проницательный инвестор выбирает либо эффективный рискованный портфель, либо баланс между рискованными и нерискованными активами. CAPM позволяет установить равновесную цену активов.

ДОПУЩЕНИЯ МОДЕЛИ

ОПРЕДЕЛЕНИЯ

Стандартное отклонение: Наиболее часто используемая мера дисперсии для определения центральной тенденции. Таким образом, оно измеряет изменчивость по отношению к среднему значению.

Ожидание: Представление среднего выигрыша или потери, которые человек, вероятно, получит в рамках случайного эксперимента.

- Все инвесторы считаются "инвесторами" в соответствии с определением Марковица: они рассматривают каждый актив только с точки зрения риска/доходности.

На рынке отсутствует "трение", то есть нет транзакционных издержек, комиссий и т.д.

- Прирост капитала и дивиденды не облагаются налогом.

- Рынок сбалансирован, инвестор может купить или продать любой актив, если это не влияет на цену акций; информация прозрачна.

- Инвесторы не любят безрисковые инвестиции. Поэтому они выбирают более высокий или более низкий уровень риска в зависимости от компенсации, которую они могут получить от него (премия за риск).

- Инвесторы имеют одинаковый временной горизонт, что позволяет в некоторой степени стандартизировать анализ.

- Инвесторы прогнозируют будущие показатели ценных бумаг таким же образом.

- Инвестиции бесконечно делимы: можно покупать или продавать доли акций или портфелей.

- Инвесторы контролируют риск с помощью диверсификации.

- Инвесторы могут одолжить или занять любую сумму денег по безрисковой ставке.

- Доходность актива оценивается с помощью ожидаемой прибыли на данном горизонте, а его риск – с помощью стандартного отклонения его прошлых колебаний. Например, относительно рискованная акция будет демонстрировать колебания цен и, следовательно, более высокое стандартное отклонение.

Предположим, что существует однородность ожиданий, стандартных отклонений и вариаций, а также корреляций между различными финансовыми активами.

Кроме того, каждый портфель состоит из одного и того же типа активов. Различается только пропорция – процент риска (низкого или высокого) – рискованных и нерискованных активов.

КОМПОНЕНТЫ МОДЕЛИ

CAPM основана на том, что различные активы и портфели активов анализируются с точки зрения соотношения их риска и доходности, и задача, стоящая перед каждым инвестором, заключается в том, чтобы стремиться к созданию портфеля с максимальной полезностью. Существует три основных компонента для составления эффективного портфеля:

- линия рынка капитала, которая выявляет различные комбинации риск-доходность;

- рыночная премия, определяющая стоимость риска;

- коэффициент бета, который измеряет риск актива по отношению к рыночному риску.

Линия рынка капитала (CML)

Линия рынка капитала показывает комбинации риска и доходности финансовых активов. Rf – это уровень доходности для безрискового актива (например, государственных облигаций), а M обозначает общую комбинацию, наблюдаемую на рынке, также называемую рыночным портфелем. Выбор комбинации зависит от профиля инвестора и его неприятия риска.

Рыночная премия и CAPM

Инвестору необходима рыночная премия, которая покрывает принятый риск. Чем выше риск, тем выше премия и тем круче наклон CLM.

Показатель бета-риска

CAPM измеряет не уровень риска, а относительный риск актива или портфеля по отношению к рынку, называемый ß (бета). Другими словами, бета – это связь между изменениями цены финансового актива (это известно как "волатильность") и изменениями цен на рынке в целом. Это чувствительность или эластичность цены актива по отношению к фондовому индексу, представляющему рынок. Чем ближе значение бета к 1, тем менее волатильным считается актив.

Таким образом, премия за риск финансового актива равна его коэффициенту бета, умноженному на общий рыночный риск.

CAPM равен премии за риск актива i или портфеля и премии за рыночный риск, умноженной на значение бета рассматриваемого актива.

Ожидаемая доходность актива i ($E(R_i)$) может быть рассчитана, если известны безрисковая ставка, бета актива и рыночная премия. И наоборот, если известна доходность, то можно рассчитать и риск.

ПРЕИМУЩЕСТВА

 ## ЗНАЕТЕ ЛИ ВЫ?

Ставка дисконтирования – это ставка, которая позволяет превратить будущую стоимость в текущую, учитывая, что чем больше продолжительность между настоящим и будущим, тем больше уменьшается текущая стоимость.

САРМ предлагает несколько преимуществ:

- он позволяет рассчитать различную доходность для рассматриваемых активов;

- он облегчает принятие экономических и финансовых решений путем расчета риска;

- модель проще в использовании, чем теория арбитражного ценообразования, хотя она менее точна с эконометрической точки зрения;

- есть два полезных применения этой модели:

  - измерение эффективности работы управляющих фондами;

  - расчет соответствующей ставки дисконтирования для оценки будущих доходов компании.

ЗАКЛЮЧЕНИЕ

Поэтому понятно, что в целом рациональный инвестор предпочтет диверсифицированный портфель финансовых активов (рискованные и нерискованные активы), чтобы обеспечить максимальную эффективность и ограниченный риск.

Хотя оценить его эффективность сложно, CAPM остается инструментом оценки эффективности, который позволяет пользователям сравнивать работу менеджмента и рыночные реалии, а также указывает подходящую ставку дисконтирования для расчета будущих доходов бизнеса.

ОГРАНИЧЕНИЯ И РАСШИРЕНИЯ

ОГРАНИЧЕНИЯ И КРИТИКА

Ограничения CAPM многочисленны, и критика в основном связана с принятыми предварительными допущениями.

- **Нестабильность беты.** Напомним, что бета – это относительный риск актива или портфеля по сравнению с остальным рынком. Эта нестабильность обусловлена тем, что риск актива является переменным и поэтому может измениться в любой момент времени. Например, представьте, что я покупаю финансовый актив в момент времени t и рассчитываю риск x, который я принимаю на себя с этой инвестицией. В этот момент нет никакой гарантии, что в момент времени $t + 1$ риск x этого актива не изменится под воздействием внешних факторов (например, кризиса). Чтобы преодолеть этот недостаток, менеджер обычно учитывает все беты, чтобы частично снизить индивидуальный риск.

- **Предел диверсификации портфеля.** Полностью диверсифицировать портфель невозможно: инвесторы должны покупать ряд диверсифицированных финансовых активов, прежде чем стремиться к частичной корреляции (в случае, если диверсификация снижает риск). Кроме того, портфель с пониженной корреляцией может в конечном итоге коррелировать из-за меняющегося экономического, социального и политического контекста.

- **Сложность практического применения** в контексте прогнозирования.

- **Нереалистичные предположения.** Практически невозможно иметь точное представление о безрисковых ставках, в которые следует инвестировать; не существует единого налогообложения между финансовыми активами, а транзакционные издержки весьма реальны и т. д.

- **Зависимость исследований CAPM от выбора рыночного портфеля.** Эта зависимость была разработана экономистом Ричардом Роллом.

СЛАБЫЕ СТОРОНЫ И КРИТИКА

В более широком масштабе критики оспаривают относительную эффективность CAPM.

В связи с этим Ролл задается вопросом, возможно ли проверить эффективность модели: по его словам, для того чтобы проверить ее, нам нужно было бы иметь возможность измерить эффективность рыночного портфеля, что, по его мнению, невозможно. Он утверждает, что, поскольку портфель включает не только все акции, но и облигации, недвижимость и драгоценные металлы, среди прочего, его нельзя точно измерить и эффективно интегрировать в CAPM.

СВЯЗАННЫЕ МОДЕЛИ И РАСШИРЕНИЯ

В то время как CAPM основана исключительно на оценке бета, инструмента для измерения переменного риска, другие модели предлагают альтернативные методы, которые также позволяют определить финансовый риск.

Теория арбитражного ценообразования (АРТ)

Учитывая волатильность бета-активов, наблюдаемую в САРМ, в 1976 году Стивен Алан Росс (американский экономист, родился в 1944 году) представил альтернативную модель, основанную на теории арбитража.

По его словам, существует несколько экономических факторов, которые влияют на рентабельность:

- с одной стороны, общие факторы, которые одновременно влияют на прибыльность нескольких активов;

- с другой стороны, факторы, характерные для актива, которые влияют только на прибыльность этого актива.

Теория арбитража также утверждает, что факторы, характерные для различных активов, не зависят от общих факторов и также независимы друг от друга.

Принцип арбитража имеет место, когда два актива с одинаковой чувствительностью к различным факторам не имеют одинаковой ожидаемой доходности. Если возможность арбитража отсутствует, то есть они имеют одинаковую ожидаемую доходность, рыночный риск актива должен быть рассчитан с использованием бета-факторов, относящихся к неспецифическим рыночным факторам, которые влияют на все инвестиции.

APT применяется более широко, чем CAPM. Однако его основная слабость заключается в происхождении и выборе факторов, влияющих на активы.

Многофакторная модель

Многофакторная модель пытается преодолеть недостаток APT, а именно выявление конкретных экономических факторов, которые могут влиять на риск. Поскольку рыночный риск затрагивает большинство (если не все) инвестиций, он исходит от макроэкономических факторов. Таким образом, модель определяет рыночный риск как риск подверженности любого актива влиянию макроэкономических факторов. Для данной модели основой для расчета риска является бета актива относительно макроэкономических факторов.

Трехфакторная модель Фамы-Френча или модель репрезентативных переменных

 ## ОПРЕДЕЛЕНИЯ

<u>Рыночная капитализация (MC)</u>: Коэффициент оценки, позволяющий определить размер бизнеса, а также другие критерии, такие как количество сотрудников или оборот. Крупные УК, составляющие несколько миллиардов фунтов стерлингов, отличаются от мелких УК.

<u>Коэффициент "книга к рынку"</u>: Инструмент, используемый для определения того, является ли актив недооцененным или переоцененным. Если коэффициент больше 1, то актив недооценен. С другой стороны, если

коэффициент меньше 1, то актив переоценен. Этот коэффициент был определен американскими экономистами Юджином Фрэнсисом Фамой (родился в 1939 году, лауреат Нобелевской премии по экономическим наукам 2013 года) и Кеннетом Рональдом Френчем (родился в 1954 году) как прямой индикатор перспектив компании.

Эта модель была разработана в начале 1990-х годов американскими экономистами Юджином Фрэнсисом Фамой и Кеннетом Рональдом Френчем и основана на многофакторной модели, которая утверждает, что на доходность влияет более одного фактора. Модель Фамы-Френча подчеркивает существование двух факторов, влияющих на доходность:

- **Размер компании.** Фама и Френч измеряют размер компании с помощью рыночной капитализации (MC). Они, в частности, отмечают, что активы компаний с малым MC, которые считаются более рискованными и имеют более высокую стоимость капитала, имеют высокую среднюю доходность по сравнению с компаниями с большим MC. В результате ценные бумаги компаний с малой УК имеют избыточную доходность по сравнению с безрисковыми активами, что выше, чем предсказывает CAPM.

- Как и рыночная капитализация, **акции с более высоким коэффициентом "книга к рынку"**, относительно недооцененные рынком, являются более рискованными и имеют более высокую стоимость капитала. Однако зачастую именно эти акции имеют самую высокую доходность.

Сравнивая MB и отношение книги к рынку, Фама и Френч пришли к выводу, что отношение книги к рынку статистически более значимо, чем MB, и является основным фактором, оказывающим сильное влияние на активы. Более того, в долгосрочной перспективе они заметили, что связь между коэффициентом "книга к рынку" и доходностью гораздо сильнее и стабильнее, чем связь между УК и доходностью.

В заключение следует отметить, что прибыльные инвестиции осуществляются в компании с низкой рыночной капитализацией и высокой балансовой стоимостью, что не могло быть учтено в модели CAPM.

ПРАКТИЧЕСКОЕ ПРИМЕНЕНИЕ

В этом разделе содержится информация о том, какие шаги необходимо предпринять и какие вопросы задать при внедрении CAPM. В нем также даются полезные рекомендации, позволяющие избежать ошибок.

СОВЕТЫ И ПЕРЕДОВОЙ ОПЫТ

Определение риска инвестиций

Первым шагом является определение риска инвестиций. Этот риск может быть измерен с помощью дисперсии фактической доходности по отношению к ожидаемому доходу. Затем можно определить степень риска актива: отсутствие риска, низкий риск или высокий риск.

Различают оплачиваемые и неоплачиваемые риски

После определения уровня риска необходимо провести различие между оплачиваемыми и неоплачиваемыми рисками. Каждый конкретный актив имеет два вида риска: риск, специфический для инвестиции, называемый "деловым риском" или "неотъемлемым риском", и общий риск всех инвестиций, называемый "рыночным риском".

- **Специфический риск** можно контролировать в диверсифицированном портфеле, если специфическая рискованная инвестиция составляет лишь небольшую часть портфеля и может быть, например, уравновешена менее рискованным специфическим активом. Далее мы говорим о "среднем риске", который относится к различным специфическим рискованным инвестициям из одного портфеля.

- **Рыночный риск,** который влияет на все инвестиции, невозможно контролировать, поскольку он в целом охватывает все финансовые активы на рынке. За этим риском стоят два фактора: общие события в экономическом мире – от налогообложения до ценовой политики – и отношение инвесторов к этим потенциальным событиям.

Продуманный инвестор, обычно обеспечивающий диверсифицированный портфель, не будет компенсировать риски, связанные с изменениями на рынке.

Измерение рыночного риска

Для расчета этого риска инвестор может использовать различные методы, включая САРМ, АРТ, многофакторную модель и модель Френча-Фамы, описанную выше. В зависимости от сделанных предположений рыночный риск воспринимается и рассчитывается по-разному.

САРМ основана на том, что отдельные активы и портфели оцениваются по соотношению риск-доходность и что целью каждого инвестора является поиск наиболее эффективного портфеля. Этого можно достичь в три этапа.

1. Инвестор должен определить "эффективную границу", то есть набор портфелей, которые минимизируют риск при заданной средней доходности. Этот набор портфелей

называется эффективным набором и представлен областью внутри зонтика. Ниже мы видим, что точка x не является рациональной, поскольку для одного и того же уровня риска существует комбинация с более высокой доходностью, e.

Сумма инвестированных сумм должна быть равна 1. Чем слабее коэффициент корреляции, тем больше снижается риск: кривая безразличия сдвигается влево.

Кривая безразличия – это набор комбинаций двух товаров или двух факторов, которые обеспечивают потребителю или инвестору одинаковый уровень удовлетворения. Ось Y, $E(R)$, соответствует ожидаемой доходности, а ось X – уровню риска. Поскольку каждая кривая дает инвестору одинаковое удовлетворение, для разной комбинации риска и доходности и независимо от конкретной кривой безразличия он выберет портфель с наибольшей доходностью при заданном риске.

2. В зависимости от своего отношения к риску (кривая безразличия) инвестор выбирает "свой" оптимальный портфель. Это соответствует точке касания между кривой безразличия и эффективной границей. Если рассматривать безрисковый актив, то инвестор сможет вложить часть своих активов в один из более рискованных портфелей на эффективной границе рискованных активов, а другую часть – в безрисковый актив.

3. Чтобы измерить этот риск математически, инвестор должен использовать формулу, изложенную в теоретическом определении концепции:

4. Более того, общеизвестно, что оценки финансовых активов в наше время осуществляются компьютерами.

РЕКОМЕНДАЦИИ

Необходимые допущения и варианты модели

Применяя CAPM, важно осознавать, что модель не всегда реалистична: учитывая текущую ситуацию, предположения, сделанные моделью, редко оказываются верными. Поэтому расчет соотношения риск-доходность должен быть распространен на более широкие предположения и варианты. Ниже приведены некоторые примеры наблюдаемых противоречий:

- Модель рассматривает в рыночном портфеле только ценные бумаги, торгуемые на фондовой бирже. Рыночный портфель должен определяться всеми существующими инвестиционными возможностями в экономике, и поэтому он гораздо шире.

- CAPM делает предположения, которые трудно применить в текущем контексте. Поэтому теоретическая модель должна быть расширена до реальности нашей среды, что часто делает ее менее актуальной и более сложной.

- Нулевая бета или отсутствие риска. Обычно невозможно взять кредит по безрисковой ставке. Вы не можете реально предположить, что существует безрисковый актив. CAPM должна быть адаптирована к этой реальности.

- CAPM также предполагает отсутствие налогов, транзакционных издержек и т.д. Это предположение следует пересмотреть, поскольку инвесторы облагаются налогом (включая дивиденды и прирост капитала при продаже) и транзакционными издержками. Если принять во внимание все эти дополнительные расходы, инвесторы будут стремиться ограничить размер своего портфеля, покупая меньшее количество акций.

Существует множество расширений допущений и вариантов модели. В частности, в главе 3 своей книги "Количественная финансовая экономика: Акции, облигации и валюта, Кит Катбертсон представляет и развивает нюансы CAPM и их математические приложения.

Наконец, инвестору или инвестирующей компании рекомендуется учитывать фактор "диверсификации" – важный параметр при измерении риска – для его снижения. Кроме того, следует проявлять осторожность, поскольку не существует такого понятия, как безрисковая доходность! В целом, диверсификация портфеля является одним из лучших способов защиты инвесторов и ограничения риска.

Акции

Увеличение количества активов в портфеле связано со снижением риска, хотя это не линейное развитие. Эффект от диверсификации сначала значителен, но после определенного момента он уменьшается, в то время как затраты, связанные с количеством акций (транзакции, постоянные расходы и т.д.), растут. Кроме того, максимальная диверсификация снижает изменчивость доходности акций.

Например, если изменчивость снижается на 70%, оставшиеся 30% составляют "систематический" риск, поскольку полностью устранить риск с помощью диверсификации невозможно (см. рыночный риск).

👁 АКТИВНОЕ И ПАССИВНОЕ УПРАВЛЕНИЕ

Активное управление обычно предлагает более высокий риск по сравнению с рыночным риском за более высокую ожидаемую прибыль.

Пассивное управление гарантирует риск, эквивалентный рыночному, при несколько меньшей ожидаемой доходности.

Диверсификация может осуществляться на разных уровнях:

- в различных зонах (Европа, США, Япония, развивающиеся страны и т.д.)

- на уровне секторов деятельности

- в зависимости от размера компании

- по стилю управления (активный, пассивный и т.д.)

Помимо акций, мы можем взять другие примеры, такие как облигации, наличные деньги и золото, не принимая во внимание другие активы, такие как инвестиционные фонды, произведения искусства и т.д.

- **Облигации** обычно предлагают более низкую доходность, чем акции, но риск при этом ограничен.

- **Денежные средства или сбережения** предлагают в основном более низкую доходность, чем акции – за исключением, например, акций Fortis, которые потеряли около 95% своей стоимости в 2008 году, – но с тем же порядком величины, что и облигации.

- **Золото** характеризуется высоким риском при более низкой средней доходности, чем другие активы.

ТЕМАТИЧЕСКОЕ ИССЛЕДОВАНИЕ

Контекст

В контексте управления состоянием менеджер определяет цель клиента, чтобы наилучшим образом ее выполнить. Эксперт анализирует всю ситуацию инвестора – семью, работу, дубль и имущество. Этот анализ позволяет определить более конкретные потребности.

👁 УПРАВЛЕНИЕ СОСТОЯНИЕМ – ЗАЧЕМ?

Управление богатством – это процесс, в ходе которого частная собственность (движимое имущество, недвижимость, денежные средства и т.д.) оценивается с целью оптимизации ее использования. Если человек владеет большим количеством имущества, оно облагается относительно высокими налогами. Управление богатством стремится минимизировать расходы, оптимизируя использование этих активов.

Каков наиболее эффективный портфель для этого инвестора-клиента в соответствии с моделью CAPM?

Проблема заключается в оценке и определении эффективного портфеля в зависимости от типа инвестора, с которым имеет дело менеджер по управлению благосостоянием.

 ## ТИПЫ ИНВЕСТОРОВ

Банки и финансовые учреждения обычно различают четыре типа инвесторов:

инвестор, склонный к риску, уверенный в завтрашнем дне и стремящийся к результату;

перспективный инвестор, одновременно уверенный в будущем и не желающий рисковать;

транжира (потребитель);

инвестор, который пессимистично смотрит в будущее и неохотно идет на риск.

Во-первых, менеджер должен определить несколько параметров рынка:

- **Выбор эталонного рыночного портфеля.** Существует несколько фондовых индексов, которые объединяют репрезентативный набор активов на рынках. К ним относятся CAC 40, включающий 40 крупнейших рыночных капитализаций во Франции, и S&P 500 в Америке.

- **Выбор безрискового актива.** Мы можем рассматривать государственные облигации или продукты страхования жизни как активы с ограниченным риском. Хотя риск ограничен – и поэтому никогда не бывает полностью нулевым – доходность является неопределенной и непостоянной.

- **Выбор клиентского портфеля.** CAPM предполагает, что все финансовые активы на рынке правильно оценены: каждый из них имеет определенный риск и ожидаемую доходность. Менеджер выбирает вместе с инвестором, который осознает неизбежную взаимосвязь между доходностью активов и рисками, портфель, который наиболее точно соответствует ожиданиям клиента. Таким образом, выбор содержания портфеля для клиента будет напрямую связан с его экспозицией по отношению к рыночному портфелю. Этот коэффициент подверженности (бета) можно легко получить через финансовую информацию, передаваемую фондовым индексом. Как только бета определена, целесообразно разработать стратегию, отвечающую требованиям инвестора.

- **Варианты модели: бета, волатильность и эффективность портфеля.** Расчет параметров CAPM может быть выполнен различными способами:

  - Использование предыдущих исторических данных, основанных на эпизодических эффектах. Однако это требует осторожности: поскольку изменения в исторических данных обычно привязаны к определенным периодам (например, периодам кризиса), они не обеспечивают полной объективности.

  - С помощью финансовых данных, которые уже доступны и используются на различных платформах.

Опять же, важно быть осторожным, так как некоторые анализы могут быть субъективными и предвзятыми.

○ Наконец, через корпоративные отчеты и экономические прогнозы.

В целом, менеджер стремится получить наиболее полную – и, следовательно, наиболее достоверную – информацию, чтобы избежать добавления дополнительного риска в портфель инвестора. После того как варианты модели определены, CAPM определяет наилучшее возможное распределение финансовых ресурсов инвестора, соблюдая его пожелания в отношении доходности, риска и типов активов.

Моделирование портфеля

Представьте себе относительно диверсифицированный портфель с активами в различных секторах, выпущенными компаниями разной значимости, инвестирующими в различные географические рынки.

Этот портфель состоит из 15 немецких государственных облигаций, 20 акций компании Belfius, 8 акций камбоджийского сельскохозяйственного кооператива и еще 10 акций американской недвижимости.

Знание уровня корреляции важно, поскольку позволяет определить, является ли портфель очень рискованным (коэффициент близок к 1; положительная корреляция) или нет (коэффициент близок к 0; отрицательная корреляция). Кроме того, коэффициент эффективности дает информацию об уровне контроля риска и, следовательно, об относительной безопасности активов. Этот коэффициент эффективности рассчитывается с использованием коэффициента экономиста Уильяма Шарпа, так что любой отрицательный результат удаляется из портфеля.

Анализ производительности может включать два измерения:

- графическое измерение

- математическое измерение, выраженное стоимостью портфеля и стоимостью активов, составляющих портфель.

В случае с нашим портфелем мы видим, что принятая диверсификация хороша, но может быть улучшена, в частности, путем выбора менее коррелированных активов.

Заключение

Модель CAPM позволяет провести простой анализ движения рынка и подверженности риску тех или иных активов. Однако без расширений модели она малопригодна или вообще бесполезна и неэффективна. Коэффициент Шарпа, например, является важным инструментом для оценки эффективности активов в сложных условиях, подобных современным.

РЕЗЮМЕ

- **САРМ** – это математический метод, который позволяет рассчитать ожидаемую доходность любого финансового актива.

- Модель появилась в 1950-х годах, в то время, когда финансовые рынки развивались и становились стандартизированными, поскольку инвесторы хотели получить больше информации и гарантий для обеспечения прибыльности своих финансовых активов.

- Теоретики:

  - в 1921 году Фрэнк Найт определил понятия неопределенности и риска;

  - в 1950 году работа Гарри Марковица положила начало современной теории диверсификации и портфелей;

  - наконец, начиная с 1964 года, такие экономисты, как Уильям Шарп, Джон Линтнер, Ян Моссин и Фишер Блэк, разработали существующие финансовые модели, что привело к созданию САРМ.

- При применении модели необходимо:

  - определить эффективную границу портфелей;

  - определить оптимальный портфель, диверсифицируя портфель активов для минимизации систематического риска при сохранении определенного уровня доходности.

- ○ измерять риск и доходность портфеля.

- Модель полезна только при отсутствии недостающей информации и транзакционных издержек. Поэтому оптимальный диверсифицированный портфель одинаков для всех инвесторов.

- Основными ограничениями этой модели являются неприменимость сделанных предположений и нестабильность значения бета.

- Три модели являются расширениями CAPM: APT (теория арбитражного ценообразования), многофакторная модель и трехфакторная модель Фамы-Френча.

ДАЛЬНЕЙШЕЕ ЧТЕНИЕ

БИБЛИОГРАФИЯ

Baudot, J. -Y. (Без даты) Le MÉDAF. *JYBaudot.fr.* [Online]. [Accessed 26 June 2014]. Available from: < http://www.jybaudot.fr/Bourse/medaf.html>.

Broquet, C., Cobbaut, R., Gillet, R. и van den Berg, A. (2004) *Gestion de portefeuille.* Брюссель: De Boeck.

Дамодаран, А. (2006) *Finance d'entreprise. Théorie et pratique.* Брюссель: De Boeck.

Desquilbet, J. -B. (Без даты) Le MÉDAF. Modèle d'évaluation des actifs financiers. *Université d'Artois.* [Online]. [Accessed 26 June 2014]. Доступно по адресу: < http://jb.desquilbet.pagesperso-orange.fr/docs/A_M2thfi_2_MEDAF.pdf>.

Gaga, O. and Tarib, A. (No date) Le Modèle d'Équilibre des Actifs Financiers. Cas d'ITISSALAT AL-MAGHRIB. *Scribd.* [Online]. [Accessed 26 June 2014]. Available from: < http://fr.scribd.com/doc/24407264/Modele-d-equilibre-des-actifs-financiers-MEDAF-CAPM>.

Limaiem, I. (2009) Les facteurs du modèle Fama et French : cas du marché des actions canadiennes. *Université du Québec à Montréal.* [Online]. [Accessed 8 July 2014]. Available from: < http://www.archipel.uqam.ca/2202/1/M10858.pdf>.

Moisson, J. -C. (Без даты) *Méthodes et principes de gestion de portefeuille benchmarkée.* [Online]. [Accessed 26 June 2014]. Доступно по адресу: < http://www.bm.com.tn/ckeditor/files/gestion_de_portefeuille_bench.pdf>.

Ngoma, F. (2009) Évaluation des actifs financiers par le MÉDAF. Validation empirique de la relation risque-rendement par les modèles économétriques. *Mémoire Online.* [Online]. [Accessed 26 June 2014]. Доступно по адресу: < http://www.memoireonline.com/07/10/3749/Evaluation-des-actifs-financiers-par-le-MEDAF-validation-empirique-de-la-relation-risque-rendement-.html>.

Statistics Canada (No date) *Variance and standard deviation.* [Online]. [Accessed 26 June 2014]. Доступно по адресу: < http://www.statcan.gc.ca/edu/power-pouvoir/ch12/5214-891-eng.htm>.

ДОПОЛНИТЕЛЬНЫЕ ИСТОЧНИКИ

Бэк, К.Е. (2010) *Ценообразование активов и теория выбора портфеля (Обзор и обобщение Ассоциации финансового менеджмента).* Нью-Йорк: Oxford University Press USA.

Capinski, M.J. and Kopp, E. (2014) *Portfolio Theory and Risk Management (Mastering Mathematical Finance).* Кембридж: Издательство Кембриджского университета.

Катбертсон, К. и Ницше, Д. (2004) *Количественная финансовая экономика: Акции, облигации и иностранная валюта.* [2-е издание]. Западный Сассекс: John Wiley & Sons.

Леви, Х. (2011) *Модель ценообразования капитальных активов в 21 веке: Аналитические, эмпирические и поведенческие перспективы.* Нью-Йорк: Издательство Кембриджского университета.

Мы хотим услышать от вас!
Оставьте комментарий о вашей онлайн-библиотеке
и поделитесь своими любимыми книгами в социальных сетях!

IMPROVE YOUR GENERAL KNOWLEDGE

IN THE BLINK OF AN EYE!

www.50minutes.com

Издательство гарантирует достоверность опубликованной информации, что, однако, не может повлечь за собой его ответственность.

Мастер ISBN: 9782808601580

Бумажный ISBN: 9782808603034

Легальный депозит: D/2022/12603/304

Цифровое оформление: Primento,
цифровой партнер издателей.